Perros labradores

Nico Barnes

www.abdopublishing.com

Published by Abdo Kids, a division of ABDO, P.O. Box 398166, Minneapolis, Minnesota 55439.

Copyright © 2015 by Abdo Consulting Group, Inc. International copyrights reserved in all countries.
No part of this book may be reproduced in any form without written permission from the publisher.

Printed in the United States of America, North Mankato, Minnesota.

072014

092014

THIS BOOK CONTAINS
RECYCLED MATERIALS

Spanish Translators: Maria Reyes-Wrede, Maria Puchol

Photo Credits: Shutterstock, Thinkstock

Production Contributors: Teddy Borth, Jennie Forsberg, Grace Hansen

Design Contributors: Dorothy Toth, Renée LaViolette, Laura Rask

Library of Congress Control Number: 2014938893

Cataloging-in-Publication Data

Barnes, Nico.

[Labrador retrievers. Spanish]

Perros labradores / Nico Barnes.

  p. cm. -- (Perros)

ISBN 978-1-62970-327-5 (lib. bdg.)

Includes bibliographical references and index.

1. Labrador retrievers--Juvenile literature. 2. Spanish language materials—Juvenile literature. I. Title.

636.752--dc23

2014938893

Contenido

Perros labradores 4

Perros con talento 12

Ejercicio 18

Cómo cuidar al perro labrador . 20

Más datos 22

Glosario 23

Índice 24

Código Abdo Kids 24

Perros labradores

Los perros labradores

se caracterizan por ser

amigables, **fieles** y cariñosos.

4

Los labradores son una de

las **razas** más **populares**.

¡Pasan a ser parte de la familia!

Los perros labradores pueden ser de tres colores. Negro, color chocolate y amarillo.

Los perros labradores son perros grandes. ¡Pueden llegar a pesar entre 70 y 100 libras (32 y 45 Kg)!

Perros con talento

Los perros labradores son muy inteligentes. Se los puede **entrenar** para hacer diferentes trabajos.

12

13

Los perros labradores son buenos perros de caza. A algunos se los **entrena** para ser perros guía y perros **terapéuticos**.

Los perros labradores tienen

un increíble sentido del olfato.

Pueden ayudar en **misiones**

de búsqueda y de rescate.

Ejercicio

Los perros labradores son muy **activos**. Deben hacer ejercicio todos los días. Les gusta correr y nadar.

19

Cómo cuidar al perro labrador

¡A los perros labradores
se les cae mucho el pelo!
Es importante cepillarlos
todas las semanas.

20

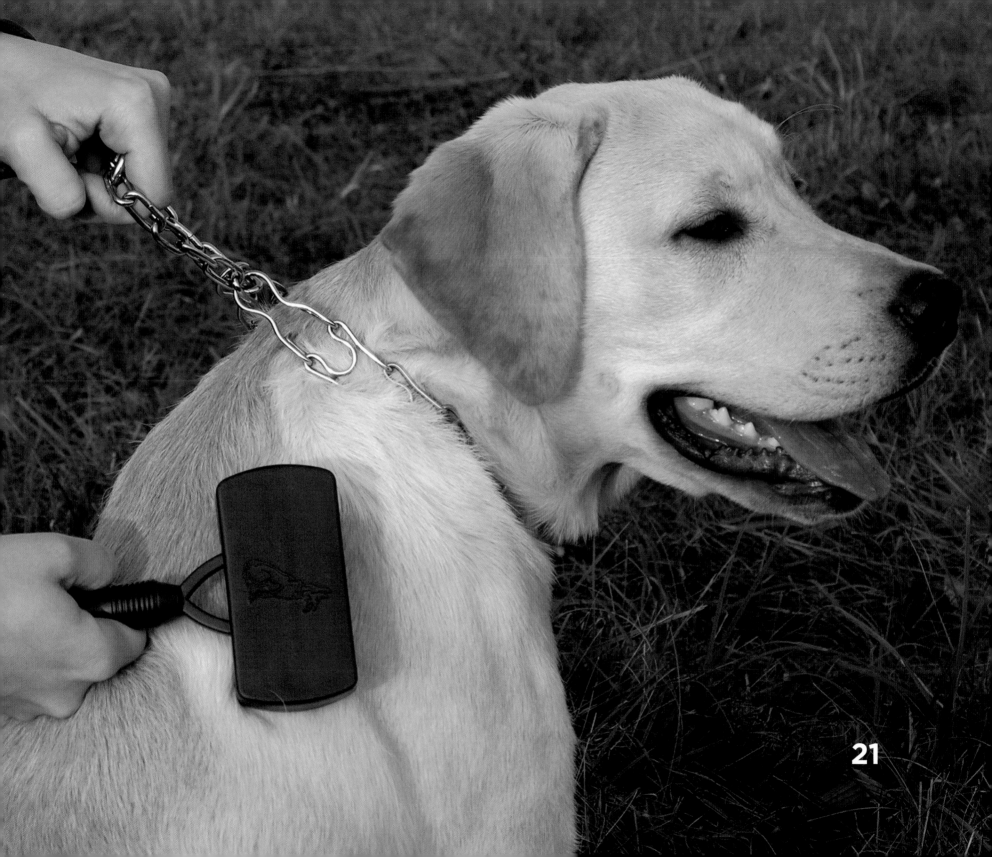

Más datos

- A los labradores, por naturaleza, les gusta llevar cosas en la boca. Son muy cuidadosos. ¡Pueden llevar un huevo en la boca sin romperlo!

- Los perros labradores tienen patas palmeadas. Esto les ayuda a nadar y a caminar en la nieve.

- Un perro labrador sano puede vivir de 12 a 14 años.

Glosario

activo – dinámico, enérgico.

entrenar – enseñar a hacer algo.

fiel – leal, que demuestra fidelidad hacia alguien o algo.

misiones – trabajos especiales.

popular – que gusta a mucha gente.

raza – grupo de animales que comparten las mismas características.

terapéuticos – referente al tratamiento para tratar una enfermedad.

Índice

caza 14

colores 8

cuerpo 10

cuidado 20

ejercicio 18

entrenamiento 12, 14, 16

inteligente 12

olfato 16

pelo 8, 20

perro de rescate 16

perro guía 14

perro terapéutico 14

personalidad 4

popular 6

abdokids.com

¡Usa este código para entrar a abdokids.com y tener acceso a juegos, arte, videos y mucho más!

Código Abdo Kids:
DLK0335